Dieses Buch gehört:

_____

Matthias von Bornstädt

DER GEHEIMNISVOLLE WUNDERHELM

Wickie und die starken Männer
Erstleser
2. Klasse
ab 7 Jahren

Klett Lerntraining

Bibliografische Information der Deutschen Nationalbibliothek
Die Deutsche Nationalbibliothek verzeichnet diese Publikation in der
Deutschen Nationalbibliografie; detaillierte bibliografische Daten sind
im Internet über http://dnb.dnb.de abrufbar.

Dieses Werk folgt der neuesten Rechtschreibung und Zeichensetzung.

1. Auflage 2016

© Studio 100 Animation/ASE Studios
™ Studio 100
www.studio100.com

Grafikhandbuch Wickie 3D: Jan Van Rijsselberge
Autorenhandbuch Wickie 3D: Alexandre Révérend

Der „Schreckliche Sven" ist ein Eigenname aus der Welt von „Wickie und die starken Männer".

© PONS GmbH, Stöckachstr. 11, 70190 Stuttgart, 2016. Alle Rechte vorbehalten.
www.klett-lerntraining.de
Teamleiterin Grundschule und Kinderbuch: Susanne Schulz
Umschlaggestaltung und Layout: Sabine Kaufmann, Stuttgart
Redaktion: textstelle Eva Günkinger, Esslingen
Illustrationen: Julian Jordan, Luis-José Beltran, Iñigo Motxo/Comicon, Barcelona
Satz: tebitron gmbh, Gerlingen
Druck: Aumüller Druck GmbH & Co. KG, Regensburg
Bindung: Conzella Verlagsbuchbinderei Urban Meister GmbH & Co KG, Pfarrkirchen
Printed in Germany
ISBN 978-3-12-949406-6

Inhalt

Nichts als Pech!   4

Der geheimnisvolle Händler   10

Wunder gibt es immer wieder   16

Snorre traut sich was   22

Starke Fragen für helle Köpfe   28

Lösungswort   32

Wickies Lesepass   33

Nichts als Pech!

Jeder hat mal Pech.
Aber an Snorre scheint das Pech
in letzter Zeit richtig zu kleben:
Erst ist er beim Baden am Strand
auf einen Seeigel getreten.
Das hat gebrannt wie Feuer!
Nur ein paar Tage später
ging sein Lieblingsschwert zu Bruch.

Und beim Raufen mit Tjure
zieht Snorre seit zwei Wochen
jedes Mal den Kürzeren.
„Es ist wie verhext", denkt er betrübt.
„Alles, was ich mache, geht schief!"

Die anderen Wikinger fangen an,
sich um den Ärmsten zu sorgen.
Wie kann man ihn nur aufmuntern?

Ylva beschließt, extra für Snorre
einen leckeren Kuchen zu backen –
in der Form eines Wikingerschiffs.
„Das sieht ja lustig aus!",
grinst Wickie, als der Schiffskuchen
aus dem Ofen gesegelt kommt.

Doch Snorre schneidet sich
nicht einmal ein kleines Stück
vom Rumpf des Schiffes ab.

„Wer nicht essen will,
muss eben hören", findet Ulme.
Er greift zu seiner Laute
und stimmt ein Liedchen an:
„Ooohh, Snorre, lächle doooch,
komm raus aus deinem Loooch ..."
„Arrgh, aufhören!", ruft Snorre.
„Von diesem Geplärre
fallen einem ja die Ohren ab!
Lasst mich einfach alle in Ruhe!"

Damit stapft Snorre in seine Hütte
und knallt die Tür hinter sich zu.
„Uiuiui", murmelt Ulme, „der ist ja
knurriger als ein Knurrhahn ..."
Die Wikinger sind ratlos.
Da schauen alle auf Wickie.
Hat er nicht vielleicht eine Idee,
wie man Snorre helfen könnte?

Wickie beginnt zu grübeln.
„Iss ein Stück Kuchen", sagt Ylva.
„Das hilft beim Denken."
Und wirklich: Kaum hat Wickie
sein Kuchenstück verputzt,
schnipst er und ruft: „Ich hab's!"
Wickie winkt die anderen zu sich
und erklärt ihnen leise seinen Plan.

Der geheimnisvolle Händler

Am nächsten Morgen streckt Halvar
den Kopf in Snorres Hütte und ruft:
„Aufstehen, du Murmeltier!
Wir fahren auf den Markt,
ein paar Beutestücke eintauschen!"
„Fahrt besser ohne mich", sagt Snorre.
„Bei meinem Pech säuft unterwegs
noch das ganze Schiff ab …"

Doch Halvar lässt nicht locker.
Er rüttelt Snorre energisch wach
und schiebt ihn in Richtung Schiff.
Und dann heißt es auch schon:
Leinen los! Segel hoch!

Wenig später auf dem Markt
trottet Snorre grummelnd
und störrisch wie ein Esel
hinter den anderen her.

Da bemerkt er plötzlich,
wie jemand an seinem Wams zieht.
Snorre dreht sich um und sieht
einen buckligen kleinen Händler
mit einem ungewöhnlich langen Bart.
„He du, tritt näher!", ruft der halblaut.
„Ich habe da etwas für dich."
„Für mich?", fragt Snorre verwundert.
Der Mann nickt und kramt einen Helm
hinter seinem Stand hervor.
Snorre runzelt die Stirn und sagt:
„Aber ich hab schon einen Helm."

„Keinen wie diesen", sagt der Mann.
„Das hier ist ... ein Wunderhelm!
Er bringt Glück und macht dich
gegen jeden Feind unbesiegbar."
Snorre seufzt und grinst schief.
„Gegen etwas Glück hätte ich
gerade wirklich nichts einzuwenden.
Aber ein Wunderhelm ... hm ...
Ob der wirklich funktioniert?"

„Probier es aus!", sagt der Händler.
„Du kannst den Helm behalten,
bis ihr das nächste Mal hier seid.
Wenn er dir kein Glück gebracht hat,
musst du auch nichts bezahlen."
„Nun, das klingt fair", gibt Snorre zu.
Und denkt: Einem geschenkten Gaul
schaut man nicht ins Maul ...

Also setzt Snorre den Helm auf
und schlendert weiter.
Er ist nur wenige Schritte gelaufen,
als er vor sich auf dem Boden
einen blitzenden Gegenstand bemerkt.
Snorre bückt sich, und siehe da:
„Ein Silberstück!", ruft er verblüfft.
„Direkt vor meinen Füßen! Na so was.
Vielleicht bringt dieser Helm
mir am Ende tatsächlich Glück?"

Wunder gibt es immer wieder

Kurz darauf spaziert Snorre
an einem Waffelstand vorbei.
Von dem köstlichen Duft läuft ihm
das Wasser im Mund zusammen.
Er will gerade ein Geldstück zücken,
als der Bäcker ruft: „Glückwunsch!
Du bist mein eintausendster Kunde!
Du bekommst Waffeln umsonst,
so viel du essen kannst."

Und damit nicht genug:
Als Tjure Snorre etwas später
zu einer schönen Runde Raufen
unter Freunden herausfordert,
geht Tjure schneller in die Knie,
als man „Aus die Maus" sagen kann.
„Ich fass es nicht", staunt Snorre,
„dieses Wunderding funktioniert!"

Auf der Heimfahrt führt Snorre
an Bord einen wahren Freudentanz auf:
„Nie wieder Pech! Hurra! Yippie!"

Wickie, Halvar und Tjure treffen sich
zur gleichen Zeit heimlich
in einem Winkel des Schiffes.
„Toll gemacht, Wickie", sagt Halvar
mit verschwörerischem Grinsen.
Wickie zwinkert und zupft sich
ein paar Bartfusseln vom Gesicht.

Der rätselhafte Händler vom Markt war niemand anderes als Wickie, verkleidet mit einem falschen Buckel und einem grauen Bart.
Und für die scheinbaren „Wunder" haben Halvar und Tjure gesorgt: Halvar hat Snorre das Silberstück vor die Füße geworfen
und am Stand des Waffelbäckers im Voraus für Snorre bezahlt.
Danach ist Tjure bei der Rauferei absichtlich schnell eingeknickt.

Der „Wunderhelm" ist also nur
ein stinknormaler Wikingerhelm.
Halvar lacht: „Wer hätte gedacht,
dass das Ganze so einfach ..."
Doch plötzlich hält er inne.
Auch Wickie zuckt zusammen.
Draußen erschallt ganz laut:
„PIRATEN!!!"

Wickie, Halvar und Tjure
stürzen alarmiert an Deck.
Sie sehen, wie Gorm vom Ausguck
zitternd aufs Meer zeigt.
Ein Schiff mit schwarzer Flagge
segelt direkt auf die Wikinger zu.
„Der Schreckliche Sven!", ruft Gorm.
„Oh nein! Bestimmt hat der Kerl es
auf unsere Marktgüter abgesehen.
Und er hat uns gleich eingeholt!"

Snorre traut sich was

„Zu den Waffen!", brüllt Halvar.
Alle schnappen sich ihr Schwert,
alle, bis auf Snorre.
„Pff ... Ich brauche kein Schwert",
murmelt er seelenruhig
und lehnt sich an die Reling.
„Mit meinem Wunderhelm
kann mir niemand etwas anhaben."

Da sirren auch schon die Enterhaken.
Sven und seine schreckliche Bande
entern das Schiff der Wikinger.
Klar, dass die Männer sich
mit Geheul in den Kampf stürzen!
Am mutigsten zeigt sich Snorre:
Ohne jede Furcht tänzelt er
auf den Anführer der Piraten zu.
„Huhu, Svenchen!", trällert er.
„Du, ich hab läuten hören, dass du
gar nicht schrecklich, sondern nur
schrecklich doof bist! Stimmt das?"

Wickie hält den Atem an.
Wie kann Snorre es bloß wagen,
so frech zu dem Piraten zu sein?
Offenbar glaubt er, dass sein Helm
ihn wirklich unbesiegbar macht …
„Dir werd ich's zeigen, du Wurm!",
brüllt Sven rot vor Zorn.
Mit hoch erhobenem Morgenstern
poltert er auf Snorre zu.
Und was macht der? Hepp!
Er stellt Sven kurzerhand ein Bein.

Der wilde Pirat stolpert
und geht in hohem Bogen von Bord.
„Und tschüs!", ruft Snorre ihm nach.
Derweil drängen seine Kameraden
den Rest von Svens Bande zurück.

Als die Piraten endlich verjagt sind,
schnauft Wickie erleichtert durch.
„Puh ... noch mal Glück gehabt."
Snorre nickt. „Dank meinem Helm!"

„Ts, Wunderhelm ...", spottet Tjure.
„Das ist ein Helm wie jeder andere."
Wickie klärt Snorre über alles auf.
Erstaunt hört dieser ihm zu.
Dann setzt er verwundert seinen Helm ab.
„Soso ... Nur eines versteh ich nicht:
Gerade eben hat der Helm mir doch
tatsächlich Glück gebracht, oder?
Wie kann das sein, wenn er doch
angeblich gar keine Wunderkräfte hat?"

Aber auch dafür hat Wickie
eine Erklärung parat: „Der Helm
hat einfach deinen Mut gestärkt.
Und dein Vertrauen in dich selbst!
Genau das war auch mein Plan",
sagt er und grinst zufrieden.
„Denn Mut und Selbstvertrauen
können eben wirklich Wunder wirken!"

Starke Fragen für helle Köpfe

1 **Worauf tritt Snorre aus Versehen beim Baden?**

O ☐ auf ein Seepferdchen
M ☐ auf einen Seeigel
I ☐ auf einen Seeteufel

2 **Welche Form hat der Kuchen, den Ylva für Snorre bäckt?**

A ☐ die Form eines Schiffes
P ☐ die Form eines Helms
U ☐ die Form eines Enterhakens

 **Ulme spielt für Snorre ein aufmunterndes Lied auf der ...**

B ... Latte.
Z ... Lunte.
R ... Laute.

 **Was haben die Wikinger laut Halvar auf dem Markt vor?**

K   Beutestücke eintauschen
Z   einen Wunderhelm entdecken
A   dem Schrecklichen Sven eine Lektion erteilen

 **Wie sieht der „Händler" aus, den Snorre auf dem Markt trifft?**

A   groß und bucklig
E   bärtig und groß
T   klein und bucklig

6 **Wie reagiert Snorre, als der Händler ihm den Helm anbietet?**

- N ☐ Snorre glaubt sofort, dass der Helm ihm Glück bringt.
- K ☐ Snorre ist sich sicher, dass der Helm nicht funktioniert.
- S ☐ Snorre glaubt nicht so recht, dass der Helm ihm Glück bringt.

7 **Welcher angebliche Glücksfall passiert Snorre zuerst?**

- R ☐ Er bekommt eine Waffel geschenkt.
- T ☐ Er findet ein Silberstück.
- G ☐ Tjure knickt beim Raufen ein.

8 **Woher wissen Halvar und Tjure, was es mit dem Helm auf sich hat?**

- A ☐ Wickie hat sie vorher eingeweiht.
- Ö ☐ Sie haben Wickie bei seinem Spiel erwischt.
- X ☐ Sie sind nicht auf Wickies Verkleidung hereingefallen.

9 **Warum traut sich Snorre, Sven gegenüber so frech zu sein?**

R ▢ Weil er glaubt,
dass Sven schrecklich doof ist.

N ▢ Weil er glaubt,
dass er unbesiegbar ist.

O ▢ Weil er glaubt,
dass Sven abergläubisch ist.

10 **Als was könnte Snorre den Helm in Zukunft benutzen, auch wenn er keine Wunderkraft hat?**

T ▢ als Waffe
D ▢ als Glücksbringer
M ▢ als Beutestück

Lösungswort

Hast du alle Fragen beantwortet? Dann trage hier die Buchstaben der richtigen Antworten ein.

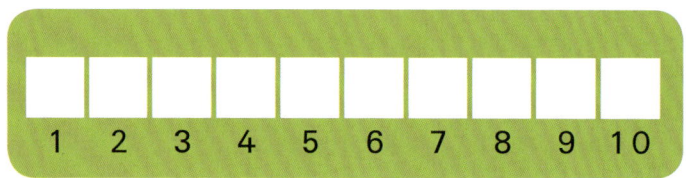

Tipp:
Das Lösungswort hat etwas mit der Geschichte zu tun!

Lösungswort: MARKTSTAND

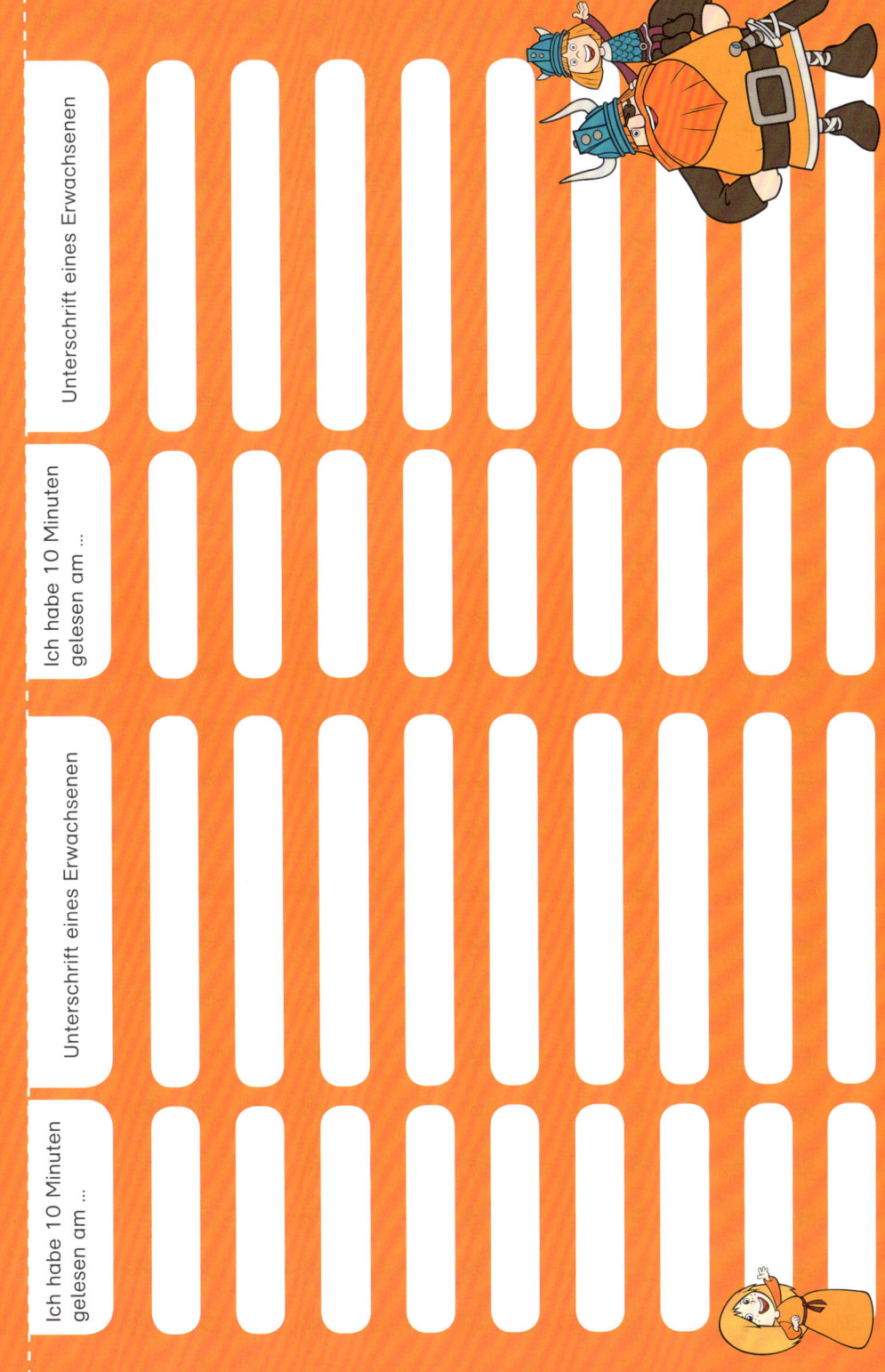

Wickies LesePass

Name: